AF339026

TRAIN DE MAISON

D'UNE

GRANDE DAME BRETONNE

AU XVᵉ SIÈCLE

ET NOTES HISTORIQUES SUR LES TRÉSIGUIDY

PAR

LE Bᵒⁿ GAËTAN DE WISMES

Président de la Société Académique de Nantes
Membre du Conseil Héraldique.

VANNES

IMPRIMERIE LAFOLYE FRÈRES

—

MCM.VIII

TRAIN DE MAISON

D'UNE

GRANDE DAME BRETONNE

AU XVe SIÈCLE

ET NOTES HISTORIQUES SUR LES TRESIGUIDY

PAR

LE Bon GAËTAN DE WISMES

Président de la Société Académique de Nantes
Membre du Conseil Héraldique.

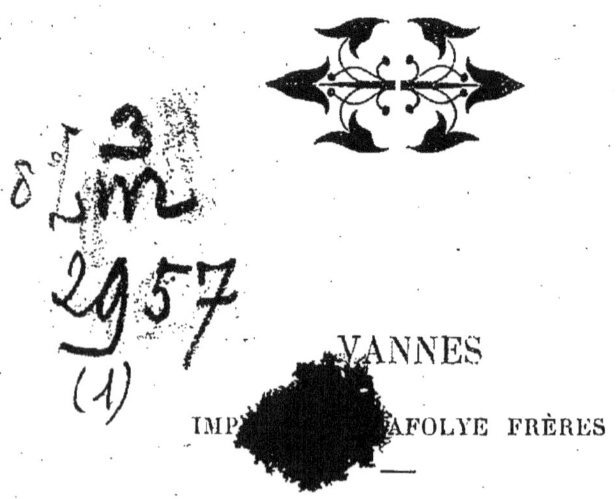

VANNES

IMP. LAFOLYE FRÈRES

MCM.VIII

TRAIN DE MAISON

D'UNE GRANDE DAME BRETONNE

AU XVe SIÈCLE

ET NOTES HISTORIQUES SUR LES TRESIGUIDY

Le hasard d'une lecture mit récemment sous mes yeux une pièce publiée dans le *Bulletin de la Commission des Antiquités de la Seine-Inférieure* (tome XIV, 1re livraison, Rouen, 1907) et concernant une Bretonne de vieille souche. Le désir de faire connaître aux membres du « Conseil Héraldique de France » cette piquante contribution à l'histoire de la vie privée de nos ancêtres s'empara aussitôt de moi, et j'y cédai sans hésitation.

Des notes philologiques ajoutées à la pièce en question et des renseignements historiques sur l'antique maison de Treziguidy ajouteront, j'ose l'espérer, un nouvel intérêt à cette publication. Grâce aux *Histoires de Bretagne* de Dom Morice et Dom Taillandier, de Le Baud, de d'Argentré, grâce aux savants

ouvrages de Wulson de la Colombière, de H. de Fourmont, de A. de Couffon de Kerdellech, de Potier
de Courcy, j'ai pu reconstituer les pages brillantes de
cette race éteinte qui compta dans le Clergé et dans
l'Armée de glorieux serviteurs.

Potier de Courcy (*Nobiliaire et Armorial de Bretagne,*
tome II) dit : « TREZIGUIDY (de) s^r dudit lieu, de
Saint-Delvont et du Guern, paroisse de Pleyben, —
des Salles, paroisse de Plouisy. Réformations et
montres de 1426 à 1481, paroisse de Pleyben, évê-
ché de Cornouailles. *D'or à trois pommes de pin de
gueules, les pointes en haut* (sceau de 1357). » Maurice de Treziguidy, qui fut de la première croisade,
brisa ses armes d'une *molette d'azur.* Touchant le bla-
son de cette maison, voici la curieuse mention
donnée par Wulson de la Colombière (*La Science héroïque,* Paris, Cramoisy, 1644) : « TREZIQUIDY, en
Bretagne, *d'or à trois pommes de pin de gueules, tracées
de sable,* les pommes de pin et les pignons qu'elles
ont dénotent les vertueux et bons qui sont nés de
pères méchants et vicieux, car le pin est amer et
symbole de mort, et les pignons sont doux et nour-
rissants. »

H. de Fourmont (*L'Ouest aux Croisades,* II, 67)
nous apprend que les Treziguidy se sont fondus
dans La Palue, d'où la terre de Treziguidy est passée :
1° aux Montdragon ; 2° aux Montmorency ; 3° aux
Rosmadec ; 4° aux Kerlec'h ; 5° aux Kergrist ; 6° aux
Kergariou.

Dans le *Bulletin de la Commission des Antiquités de
la Seine-Inférieure,* au nom Trezyguydy a été ajoutée

cette note : « Trezilidé (Finistère), canton de Plou-
zévédé. » Cette erreur est surprenante, car il suffit
d'ouvrir le *Dictionnaire des Postes* pour trouver :
« TRÉZIGUIDY (Finistère), 6 h. (Château), com-
mune de Pleyben. »

On trouve avec la lettre C qui signifie *maison d'an-
cienne chevalerie* les Treziguidy dans le *Recueil armorial
de Bretagne* publié à la suite de l'*Histoire de Bretagne*
de Le Baud (Paris, 1638). Sur ce point l'opinion de
M. A. de Couffon de Kerdellech, l'érudit écrivain
des *Recherches sur la Chevalerie du Duché de Bretagne*,
vaut d'être exposée : « Les plus grands seigneurs,
dit-il, ne prennent pas d'autre titre que celui d'écuyer
avant d'être parvenus aux honneurs de la chevalerie...
Dans l'acte relatif à la ratification du traité de Guérande, en 1381, figurent d'abord les chevaliers, puis
les écuyers au nombre desquels nous trouvons .....
Guyon de Treziguidy..... » (*Recherches*, I, 49). M. de
Couffon cite Maurice de Treziguidy parmi les écuyers
qui représentèrent la Bretagne au Combat des Trente,
et il remarque que plusieurs noms ont prêté à con-
testation « l'action s'étant passée à une époque où il
n'existait aucun bulletin officiel. » Sur notre héros
voici ce qu'il ajoute : « Maurice de Treziguidy est
qualifié écuyer dans une montre du 1er juillet 1363,
et chevalier dans une quittance de ses gages du
20 septembre 1364, ainsi que dans une montre du
connétable du Guesclin, de l'an 1370. Le Roi l'appelle *son amé et féal chevalier et conseiller* dans le brevet
de capitaine de Paris qu'il lui donna le 2 février
1380. » (*Recherches*, I, 164).

Jean et Maurice de Treziguidy prirent part à la première Croisade qui dura de 1096 à 1099.

A la septième Croisade (1248-1252) on rencontre Maurice de Treziguidy en 1248 et Thomas de Treziguidy en 1249. C'est, sans doute, ce même Maurice qui occupa le siège épiscopal de Rennes de 1260 à 1282 et sur lequel je trouve les renseignements suivants : « Maurice de Treziguidy confirma, l'an 1260, une transaction passée entre Gilles (évêque de Rennes), son prédécesseur, et Roger, abbé de Saint-Florent-lès-Saumur pour le prieuré de Livré. Gui, comte de Laval, prit la croix en 1265 et nomma Maurice, évêque de Rennes, son exécuteur testamentaire. Il y eut deux Conciles Provinciaux tenus à Rennes sous le Pontificat de Maurice, l'un en 1263 et l'autre en 1273. Sa mort est marquée au 18 (16, suivant du Paz) de septembre 1282 dans le Nécrologe de son Eglise ». (Dom MORICE : *Hist. de Bret.*, tome II, *Catalogue historique des évêques et abbés de Bretagne*, page vij). « Pour protester contre les usurpations du Duc, Maurice de Tresiguidy, évêque de Rennes, le cita à la Cour du Roi pour y répondre aux plaintes qu'il portait contre lui. Le Duc ne se soumit point à cet ajournement, mais il manda au Roi, le 5 octobre 1265, que, s'il était nécessaire qu'il répondît à sa Cour sur les plaintes de l'Evêque, il était juste aussi que l'Evêque fût cité pour répondre de son côté à ce qu'il avait à dire contre lui, vu qu'il entreprenait tous les jours sur sa juridiction ». (Dom MORICE : *Hist. de Bret.*, I, 194).

Nombreux furent les Treziguidy qui se signalèrent

au XIVe siècle. Je nommerai d'abord les moins marquants et je m'étendrai ensuite sur Maurice et surtout sur Yves.

Olivier de Treziguidy fut l'un des principaux capitaines du parti de Montfort. Lorsque le comte de Montfort courut au secours de Bécherel en 1363, Olivier se trouvait parmi les chefs de son armée « officiers de mérite et de réputation », comme les appelle Dom Morice (*Hist. de Bret.*, I, 300).

D'Argentré (*Hist. de Bret.*, 593) cite Jean de Treziguidy parmi les nobles bretons qui, le 25 avril 1379, contractèrent une association solennelle pour défendre les droits du duché contre tout empiétement.

Eon de Treziguidy prêta serment de fidélité au Duc avec quelques autres chevaliers, le 22 octobre 1379 (DE COUFFON, *Recherches*, II, 315).

Louis, comte de Flandre, réduit à la perte presque complète de ses États, fit appel au roi de France, ainsi qu'à ses parents, à ses amis, et, en particulier, au duc de Bourgogne et au duc de Bretagne ; celui-ci fit faire une levée qui donna 1200 lances et cette petite armée, commandée par les meilleurs gentilshommes de la province, au nombre desquels se trouvait Henri de Treziguidy, se joignit aux troupes royales pour gagner le pays flamand en 1382. On marcha vers le Pont de Commines que Philippe d'Artevelle faisait garder par 10.000 hommes. Dom Morice nous dit que l'Oriflamme était portée par le Grand Maître de Villiers, soutenu de Guy de Treziguidy et de trois autres chevaliers (*Hist. de Bret.*, I,

385). Mais on lit dans d'Argentré (*Hist. de Bret.*, 623-624) : « Messire Pierre de Villiers portoit l'oriflamme et pour les plus vaillans luy furent baillez quatre chevaliers pour se tenir pres de luy, dont messire Maurice de Tresuiguidy, messire Robert Le Baveux ; Bretons furent deux, et deux François. » Adoptant les dires de d'Argentré, conforme à Froissart, M. de Couffon attribue l'honneur de l'Oriflamme à Maurice. Le Traité de Guérande fut ratifié en 1381 par Guy de Treziguidy.

Maurice de Treziguidy, marié à Jeanne de Ploësquellec, fut un guerrier remarquable. Comme on l'a vu plus haut, il est cité parmi les écuyers bretons du Combat des Trente, en 1350 ; Guy Le Borgne (*Armorial Breton*) dit qu'il « fut l'un de ceux qui se comporta des mieux en la bataille de Trente. » Il ajoute : « Ensuite il suivit généreusement les victorieux estendards du connestable du Glesquin en la pluspart de ses conquestes. » En effet, on apprend par d'Argentré (*Hist. de Bret.*, 541-542), que, voulant débarrasser la Touraine des déprédations des hordes anglaises, du Guesclin s'y rendit en 1370 et bientôt rencontra l'ennemi ; la bataille s'engagea avec vigueur, les morts tombaient nombreux ; « les affaires estoient en grand hazard, quand il arriva quatre capitaines bretons qui suyvoyent le Conestable, sçavoir messire Morice de Trezuiguidy, messire Geoffroy de Kaërimel, messire Geoffroy Ricon et le capitaine Morfoace, lesquels avoient soixante lances, et vinrent de renfort sur l'heure du combat proprement, qui fut un grand refraischissement et advantage au Connestable et à ceux de sa troupe, lesquels chargèrent si roidement, qu'ils rompirent les troupes angloises, et les enfoncèrent si vivement qu'ils ne se peurent rallier, ny recognoistre leurs enseignes, le reste s'enfuit. »

En 1373, Maurice de Treziguidy était aux côtés de Du Guesclin pour le siège de Dinan (DE COUFFON : *Recherches*, II, 232). Il prit part, en 1376, à l'expédition de Guyenne contre les Anglais. Ambassadeur en Aragon en 1379, capitaine de la ville de Paris en 1380, il eut l'insigne honneur de porter la bannière de Du Guesclin, lors des solennelles obsèques du Connétable à Saint-Denis, en 1389.

« Yves de Treziguidy, (frère de Maurice), est mentionné au nombre des chevaliers bretons que Robert Bertrand, sire de Briquebec, maréchal de France, fut chargé par le Roi, en vertu d'une commission datée du 1er février 1341, de ramener à son obéissance. » (DE COUFFON : *Recherches*, II, 202). Yves de Tresiguidy s'était rangé d'abord dans le parti de Charles de Blois, mais il passa bientôt dans le camp adverse et voici dans quelles circonstances d'après le récit de Dom Morice (*Hist. de Bret.* I, 248) : en 1341, Jean de Montfort mit le siège devant Auray que défendaient Geoffroy de Malestroit et Yves de Treziguidy, et fit donner inutilement deux assauts. Pour éviter la honte de lever le siège il accorda une trêve aux assiégés et leur proposa une conférence qu'ils acceptèrent. Hervé de Léon, chargé de la négociation, gagna les deux capitaines et les détermina à reconnaître le comte pour leur souverain. Jean de Montfort reçut leur serment de fidélité et leur laissa la garde d'une place qu'ils avaient si bien défendue.

Lorsque Charles de Blois, raconte encore Dom Morice (*Hist. de Bret.*, I, 255 et 257), vint, en 1341, mettre le siège devant Hennebont, dans le dessein de s'emparer de la comtesse de Montfort qui s'y était renfermée et de terminer ainsi cette guerre trop longue, l'héroïque Jeanne avait préparé la place pour une longue résistance et était entourée de soldats d'élite, au nombre desquels on comptait Yves de Treziguidy. 6.000 Anglais étant arrivés, en 1342, au secours de la comtesse, un de leurs chefs, Gautier de Mauny, visita tous les ouvrages de la place : ayant remarqué une grande machine qui incommodait beaucoup la ville, il forma le dessein de la détruire si on voulait le suivre. Tresiguidy et Landreman furent des premiers à lui faire offre de service. Ils s'armèrent sur-le-champ et sortirent, accompagnés de 300 archers. Le grand nombre de flèches que les archers tirèrent écarta bientôt les soldats qui gardaient la machine ; elle fut renversée et mise en pièces.

En 1342, Louis d'Espagne, qui combattait pour Charles de Blois, entra à l'improviste dans la rivière de Quimperlé, mit à terre 6.000 hommes et fit sans peine un grand butin dont il chargea ses vaisseaux. Gautier de Mauny, averti de la route prise par Louis d'Espagne, s'embarqua avec 3.000 archers et plusieurs seigneurs dont Yves de Treziguidy ; il surprit à l'ancre la flotte ennemie et s'en empara aisément. (Dom MORICE, *Hist. de Bret.*, I, 258).

Emmené par la comtesse de Montfort, Yves de

Treziguidy participa au siège et à la prise de Vannes en 1342, puis il retourna à Hennebont avec la vaillante Jeanne. (Dom Morice, *Hist., de Bret.*, I, 263 et 264).

Les partisans de Charles de Blois ayant repris Vannes, le roi d'Angleterre, Edouard, accourut en Bretagne pour venger la mort de Robert d'Artois et s'emparer de nouveau de la vieille cité ; après un assaut inutile, il se dirigea vers Nantes, laissant la conduite du siège de Vannes à Yves de Treziguidy et à d'autres seigneurs. (Dom Morice, *Hist.. de Bret.*, I, 265).

En 1344, Yves de Treziguidy reçut, ainsi que d'autres, du roi d'Angleterre, une lettre pour le féliciter de son attachement au comte de Monfort et pour lui promettre un prompt secours. (Dom Morice, *Hist. de Bret.*, I, 270).

Malgré les trêves, le Roi de France envoya en Bretagne, en 1352, le Maréchal de Nesle auquel se joignirent des seigneurs bretons. Le chevalier de Bentelée, qui commandait pour le roi d'Angleterre, venait s'emparer du château de Mauron. Le Maréchal voulut le reprendre ; Bentelée ne disposait que de 600 soldats ; de Nesle en avait beaucoup plus ; Bentelée, secondé par Tangui du Chastel, Garnier de Cadoudal et Yves de Treziguidy, mit en pièces l'armée du Maréchal. (Dom Morice : *Hist. de Bret.*, I, 282).

Yves de Treziguidy troqua l'épée pour la crosse ainsi que le raconte d'Argentré (*Hist. de Bret.*, 61). « Depuis en fut évesque (de Léon) messire Yves de Treziguidy, lequel avoit esté en sa vie un grand capitaine et homme de guerre, suivant le party de Jean de Montfort, contre Charles de Bloys, où il fist de grands exploits, puis changea d'estat et de vie, ayant duré sa succession jusque à puis peu de temps, que l'heritière d'icelle maison fut mariée à Troilus de Mondragon, dont sortit une fille, mariée au sieur du Halo, qui feist eschange de ladite terre de Trezuiguidy et Chasteau neuf-du-Fou, avec le baron du Pont, qui aujourd'huy la tient. »

Yves de Treziguidy rendit hommage à la dame de Retz en 1382.

Au XV⁰ siècle, on peut signaler encore deux Treziguidy.

Le 16 août 1470, Jean de Kerimel, Guillaume de Boiséon et Jean de Tresiguidy, chevalier, seigneur dudit lieu et des Salles, au nom du Duc, ratifient les traités de Caen et d'Ancenis passés entre le Duc et le roi de France (Dom MORICE, *Preuves*, tome III, col. 212).

Jean de Treziguidy figure parmi les hauts seigneurs qui reçurent solennellement, le 14 octobre 1480, Gui, évêque de Quimper (Dom MORICE, *Preuves*, tome III, col. 374).

Le 11 juillet 1487, le comte de Dunois, grand Chambellan de France, lieutenant général du Duc, ordonne que Olivier de Pluscallec « pris par nobles gens Gilles de Treziguidy, Olivier de Chieff-de-Bouays, Pierre de Rosserf, sieur du Bois de la Roche, Jeh. de Liscouet et plusieurs autres » soit remis comme prisonnier de guerre entre les mains du sire de la Hunaudaye, ou qu'il paye sa rançon auxdits de

Treziguidy et autres (Dom MORICE, *Preuves*, tome III, col. 549).

Enfin un Treziguidy fut gentilhomme de la Chambre sous Louis XIV et écuyer de la Petite Ecurie du Roi.

*
* *

C'est à cette noble race qu'appartenait Jeanne de Treziguidy, mariée en 1408 à Jean de Sainte-Beuve, dont le train de maison nous est décrit dans la curieuse pièce que j'emprunte au *Bulletin de la Commission des Antiquités de la Seine-Inferieure*, et que j'annote pour le plus grand profit du lecteur.

23 mai 1408. — « Nobles personnes Mons' Jehan, seigneur de Sainte-Beufve et de Cuverville, Chevalier, Chambellan du Roy notre sire, d'une part, et Madame Jehanne de Trezyguydy sa femme, d'autre, lesquelz congnurent et confessèrent que, seur ce que la dicte dame demandoit ou voulloit contendre (1) à avoir vivre et estat avec son dit mary et part et participation en ses biens et communs ensemble, ainsi que gens de loial mariage doivent estre, que, par le moien de leurs parens et amis, ilz sont demourez à acort sur les choses dessus dictes en la manière qui ensuit, c'est assavoir : que ilz seront pour le temps advenir en bonne union et amitié ensemble et communs en biens ainsi que gens de mariage sont et doivent estre ; et demourera la dicte dame en l'oste de son dit mary à Rouen, en la paroisse Saint-Laurens,

(1) Prétendre.

en l'enseigne des *Coquez* (1) ; et aura avesquez elle,
si lui plaist, une damoiselle (2), et une meschine
de chambre et une meschine avant l'ostel (3) et l'es-
cuier (4) et ledit chevalier sera tenu bailler, livrer,
rendre, paier à Rouen, à ses despens, chacun an,
à la dicte dame, sa vie durant seullement, les choses
qui ensuivent : et premierement L. Mines (5) de blé,
bon blé, loial à la mesure de Buchy. *Item* deux
mines de poiz blans à ladicte mesure. *Item* IIII
queues (6) de vin vermeil bonnes et marchandes,
plaines et eueillies (7) de boisson raisonnable et ho-
nourable. *Item* IIII queues de cidre bonnes, loyaux,
le tout tenant moeson (8). *Item* pour avoir char (9)
et poesson pour chascune sepmaine, X s. à distribuer
ainsi qu'il plaira à ladicte dame. *Item* trois pour-

(1) Hôtel des Coquez, rue Beauvoisine, mai 1404, Tab. de
Rouen, Reg. II, f° 44 ; H. des Coquoys, par Saint-Laurent,
compte des Filles-Dieu, 1483-1484 ; maison des Coquets,
compte de Saint-Godard, 1527. (Note du *Bulletin de la Comm.
des Antiq. de la Seine-Inferieure*).

(2) Fille qui est à la suite ou au service d'une dame.

(3) D'après La Curne de Sainte-Palaye (*Dict. hist. de l'anc.
lang. fr.*) *meschine* signifie : suivante, chambrière, cuisinière.-
Qu'était la *meschine-avant-l'ostel* ? Je l'ignore.

(4) Le *Dict. de Trévoux* dit : « *Ecuyer de main* est celui qui chez
les princesses et grandes dames non-seulement commande leur
écurie, mais encore celui qui leur aide à marcher ».

(5) La mine était la moitié d'un setier et par conséquent me-
surait environ 78 litres de grain.

(6) Futaille de 460 litres environ.

(7) « *Eullier* : remplir jusqu'à la bonde. » (LA CURNE DE
SAINTE-PALAVE : *Dict. histor. de l'anc. lang. fr.*)

(8) Mesure.

(9) Chair.

cheaulx bis (1) gras, bons, loyalx et marchans. *Item* L. lb. de chandelle. *Item* sel bien et suffisamment, ainsi qu'il lui fauldra. *Item* L cappons (2) bons loiaulx et marchans. *Item* cinquante sommes (3) de bosc (4), bonnes, loiaulx et marchands ; lesquelles provisions et chacunes d'icelles ledit chevallier promist et s'obliga rendre, bailler et livrer chacun an à la dicte dame sa vie durant, ou à son certain commandement portant ces lettres bien et deuement, convenablement et suffisamment ainsi qui lui fauldront. Et en outre la dicte dame aura à son seul et singulier prouffist, pour se trouver à cauchier et vestir et faire sa volenté, cent escus d'or, de XVIII s. d'or parisis chascune pièce, de rente par an ; et paiera ledit chevallier le salaire des serviteurs de la dicte dame, et aüxi les lui bauldra (5) tieulx (6) qu'il lui plaira, du nombre dessus dit, pourveu qu'ilx soient hounourables chacun en son degré. Et ne pourra la dicte dame ne ses gens aller ne venir en la chambre (7) dudit seigneur ne ou grenier de dessus, se il ne plaist audit chevallier ; ne sy ne pourra la dicte dame mectre empeschement que icellui chevallier n'ait l'estable à ses chevaulx et son aller et venir oudit hostel, moiennant lesquelles choses ainsi traictées et

(1) Noir, brun, gris.
(2) Chapons.
(3) Charge d'une bête de somme.
(4) Bois.
(5) Donnera, futur de *bailler* : donner.
(6) Tels.
(7) Partie d'un logis.

parllées, ledit chevallier loa (1), gréa (2), ratifia et aprouva, et par ces présentes loe, grée, ratiffie et approuve les lectres du don de mariage d'entre luy et sa dicte femmé ». (Tabell. de Rouen, reg. B, fº 164 vº).

Un acte postérieur conserva à la dame Jeanne de Tregud le droit d'occuper l'hôtel des Coquets avec une demoiselle, une meschine de chambre, une meschine-avant-l'hôtel et un écuyer ; mais les provisions de bouche furent remplacées par une somme d'argent, 141 l. 10 s., à payer par égale portion aux trois termes de Pentecôte, Saint-Remi et Noël (Ibid., reg. B, fº 211 vº).

(1) Loua.
(2) Agréa.

Vannes. — Imprimerie LAFOLYE FRÈRES, 2, place des Lices